AF496003

IMPOT
SUR LES RENTES,
RÉFORME DES IMPOTS DIRECTS
ET
COMPTOIRS AGRICOLES,

PAR

L. DAVÉSIÉS,

ANCIEN SOUS-PRÉFET.

Prix : 50 c.

PARIS,

GUILLAUMIN LIBRAIRE,

Éditeur du journal des Économistes, de la collection des principaux Économistes, du Dictionnaire du Commerce et des Marchandises,

RUE RICHELIEU, 14.

MAI 1848.

Bordeaux. — Imp. de P. FAYE, rue du Chapelet, 2.

DE L'IMPOT
SUR LES RENTES
ET DE LA
RÉFORME DES IMPOTS DIRECTS.

Les classes populaires n'auront sans doute point à regretter de n'être pas représentées numériquement à l'Assemblée Nationale, et leurs intérêts seront plus efficacement protégés par des hommes d'étude, des commerçants et des propriétaires, qu'ils n'auraient pu l'être par des ouvriers.

Les ouvriers de la pensée, comme on dit aujourd'hui, savent que l'amélioration du sort de ceux qui souffrent, est la fin providentielle de toutes les révolutions.

L'Assemblée Constituante s'efforcera donc de soulager le malaise de la petite propriété et les misères du prolétariat, quelqu'aggravées qu'elles soient par de déplorables égarements et par de criminelles révoltes.

La révolution du siècle dernier avait déjà réprouvé les doctrines du communisme, alors que les victimes de l'ignorance et de la misère étaient en France en si grande majorité. Que pouvaient donc attendre de la révolution de 1848 les continuateurs de Babœuf, au sein de populations enrichies par l'industrie et le commerce, éclairées par la presse et par l'enseignement public, ramenées enfin par l'ascendant des idées religieuses aux principes dans lesquels les sociétés puisent leurs premiers éléments de formation et leurs dernières garanties de durée?

Le communisme aurait prévu ses défaites s'il avait songé qu'aujourd'hui plus de vingt millions de Français sont intéressés à la propriété immobilière ou foncière, et que par conséquent attaquer la possession et l'héritage, c'était attaquer le peuple lui-même, devenu le plus grand, le plus puissant, le plus riche des propriétaires.

Cependant ces protestations sanglantes, ces scandaleux outrages à la souveraineté de la Nation suffiraient, à défaut d'autres symptômes, pour révéler de profondes lacunes dans notre économie sociale. Il importe de prévenir le retour de ces audacieux attentats, et après avoir assuré par la force du nombre l'avenir de la propriété, il faut rendre ses droits sacrés pour tous, en rendant ses jouissances de plus en plus accessibles à tous.

La presse a signalé de nombreuses mesures à prendre pour augmenter les ressources de l'État et pour diminuer les charges pnbliques. C'est surtout aux hommes de la main-d'œuvre et aux petits propriétaires que ces mesures doivent profiter : ce sont eux qui doivent être dégrevés et secourus d'abord, qu'on puisse ou non réduire le passif actuel du budget. L'assiette de l'impôt sera donc réformée, et la France entière recueillera les fruits de ces modifications; car le commerce, l'industrie, la propriété, tous les élémens de la fortune publique sont d'autant plus florissans que les souffrances privées deviennent plus supportables et plus rares.

L'impôt a été jusqu'à présent fixe et proportionnel.

Fixe, sous la forme de la contribution personnelle et de la prestation vicinale, il frappe avec une égalité injuste, le riche et le pauvre, le colon partiaire momentanément usufruitier du sol, et le propriétaire qui possède le sol, en dispose librement, et le transmet à ses héritiers.

Je voudrais maintenir la taxe personnelle sur l'indigent lui-même, ne fût-ce que pour lui rappeler qu'il a des devoirs à remplir envers la grande famille dont il est membre; mais je voudrais aussi que la cote personnelle des citoyens opulents ou aisés fût établie à raison de leurs facultés, comme leur contribution mobilière. Celle-ci, modérée d'ailleurs, porterait non-seulement sur le mobilier, mais sur les papiers peints, sur les domestiques mâles, les livrées, les chiens, les chevaux, les voitures, et deviendrait l'impôt somptuaire déjà décrété par le Gouvernement Provisoire pour remplacer les droits d'octroi. Il n'en pourra toutefois représenter qu'une partie, celle qui grève les denrées de première nécessité. Ce nouvel impôt ne doit pas être, en effet, un obstacle aux progrès du luxe, mais un moyen de diriger ses dépenses vers des résultats féconds. On obtiendra ces résultats en cotisant cher les fantaisies vaniteuses et inutiles, tout ce qui ne fait honneur qu'à la bourse du riche, et en épargnant autant que possible les superfluités de bon goût qui témoignent en faveur de son cœur et de son intelligence.

Si l'impôt personnel et fixe est injuste, la contribution foncière et proportionelle l'est plus encore, parce qu'elle pèse plus lourdement sur les petits propriétaires.

Une mère de famille, réduite à un revenu de quatre cents francs, vit dans une misère que l'impôt aggrave pour peu qu'il l'atteigne. En taxant sa fortune à raison de cinq pour cent, on la prive de ses moyens d'existence pendant quinze jours. Si d'un autre côté, le citoyen riche de cent mille livres de rente ne paye également qu'une contribution de cinq pour cent, cette taxe qui lui laisse un revenu de quatre-vingt-quinze mille francs, ne fait qu'effleurer le superflu de son opulence.

Dans cette double hypothèse, tandis que l'État expose une famille à mourir de faim, une autre ne s'aperçoit même pas de la part qu'elle supporte des charges publiques.

Il faut donc reconnaître en principe que l'égalité de proportion dans l'impôt n'est pas la véritable égalité, l'égalité équitable et rationnelle.

Je sais qu'entre les mains du pauvre la matière imposable est presque toute productive, tandis que chez le riche elle comprend un grand nombre d'objets improductifs, ce qui détruit en fait l'égalité de proportion entre les impôts et les revenus. Mais cette égalité n'en existe pas moins dans les cotes de la contribution foncière, si lourdes pour les pauvres gens.

Elles seraient telles, alors même que la répartition se conformerait toujours exactement à la règle qui lui est tracée. Mais, au contraire, il arrive souvent que la proportion est détruite au préjudice des contribuables les plus nécessiteux. Dans toutes les communes on trouvera mainte échoppe rapportant cinquante francs et coûtant quinze ou vingt francs d'impôt, maint chétif revenu dont le fisc emporte la moitié. Cette disproportion vient surtout des préjugés des classificateurs et des répartiteurs qui ne se rendent pas bien compte de l'exiguité de certains produits et de la gêne à laquelle la moindre taxe condamne un ménage indigent. Et puis le riche connaît ses droits et réclame. Le pauvre ignore quelquefois les siens, est souvent incapable de les faire valoir et souffre en silence. Mais laissons ces détails d'application et revenons aux principes.

Pour éviter les anomalies de la répartition proportionnelle, le Gouvernement Provisoire a conçu le projet d'un impôt progressif.

Si la progression est continue, en augmentant de 1 p. 100 par mille francs, elle prend le cinquième, le quart, le tiers, la moitié du revenu; puis, arrivée au chiffre de cent mille francs, elle l'absorbe tout entier.

Ce système paralyserait l'émulation, enchaînerait le progrès et porterait un coup mortel aux élémens les plus essentiels de l'activité sociale. Ce n'est pas apparemment ainsi qu'il faut entendre le projet du citoyen Ministre des finances.

Où donc est l'intérêt de la société ? Où donc est le point de rencontre des obligations et des droits individuels? Je crois le voir dans la combinaison des deux principes de la proportionnalité et de la graduation. L'impôt doit être proportionné aux revenus; mais les revenus doivent être divisés en classes suivant lesquelles la proportion de l'impôt doit varier.

Plusieurs de nos lois fiscales ont déjà consacré le principe de cette sorte de tarif. Ainsi la contribution des portes et fenêtres est proportionnée au nombre d'ouvertures de chaque habitation; mais le même nombre d'ouvertures est plus ou moins taxé, selon le chiffre de la population de la commune où l'habitation est située. Il en est de même des patentes. Les professions assujéties à cet impôt se divisent en huit classes, et pour chacune de ces classes il augmente avec le chiffre de la population, c'est-à-dire avec l'importance présumée de l'industrie taxée. Cette règle me paraît parfaitement équitable, et je ne vois pas pourquoi elle ne deviendrait pas la base de la contribution foncière.

Toutefois, pour établir une proportion logique entre les impôts fonciers, il faudrait les déterminer, non pas d'après le revenu de chaque immeuble, mais d'après le total des revenus qui constituent la fortune de chaque contribuable. Il ne serait pas juste en effet de cotiser à raison de cinq pour cent la terre qui rapporterait cinq mille francs et qui serait l'unique propriété d'un citoyen, et à raison de quatre pour cent seulement celle qui ne rapporterait que trois mille francs, mais qui appartiendrait à un capitaliste ayant d'ailleurs vingt mille livres de rente.

De là, pour le Trésor, la nécessité d'une appréciation exacte des facultés des contribuables. Les moyens d'investigation et de contrôle ne lui manqueraient pas; et quant à la légitimité de cette recherche, l'État me paraît avoir le droit incontestable de connaître les biens confiés à sa protection et à la sauvegarde des lois.

On ne comprendrait pas dans cette évaluation les bénéfices du commerce ou des spéculations financières, parce qu'ils ne sont qu'éventuels, et qu'en les frappant d'un impôt, on s'exposerait à ne taxer que la faillite. Le commerce et l'industrie s'acquittent d'ailleurs envers l'État, par le paiement d'une patente. On excepterait également des revenus imposables le salaire de l'ouvrier, les honoraires du médecin et ceux de l'avocat, le fruit de la pensée de l'écrivain et de l'inspiration de l'artiste. L'impôt n'a rien à prélever sur le produit annuel ou journalier du travail ; il n'a prise que sur des valeurs transmissibles, par vente ou par succession, lesquelles sont toujours appréciables.

Quoique comprises dans ces dernières valeurs, les rentes sur l'État et les rentes constituées ou foncières ont été jusqu'à présent exemptes d'impôt. Doivent-elles continuer, comme les autres effets de portefeuille, à jouir de ce privilége ? Je ne le pense pas.

Le placement des capitaux les expose, dira-t-on, à des risques divers qui l'assimilent à une spéculation commerciale. Le rentier, s'il est forcé de vendre à la baisse, perd une partie de sa fortune ; il peut même la perdre toute entière par la banqueroute de l'État. En un mot, les capitaux placés n'ont qu'une valeur aléatoire.

Cela est vrai, mais les maisons et les bois peuvent aussi être brûlés, les canaux peuvent être comblés, les terres inondées et recouvertes de sable, les propriétés de toute nature peuvent enfin disparaître dans un ouragan.

Aussi n'impose-t-on pas le sol, mais bien le revenu du sol. Ce n'est pas non plus le capital qu'il faut imposer, mais la rente, et avec d'autant plus de raison, que les terres ne rapportent guères que deux ou trois pour cent, tandis que les fonds produisent de quatre à cinq. Le capital peut être emporté par une banqueroute, mais le montant des inscriptions n'a plus de risques à courir quand il est versé entre les mains des titulaires; et pour leur plus grande sûreté, le trésor n'opèrerait qu'à l'époque des échéances, la retenue à laquelle ces échéances lui donneraient droit.

Ainsi l'objection n'est pas fondée en ce qui concerne la rente sur l'État.

Quant aux créances hypothécaires, elles présentent certaines circonstances dont il faut tenir compte.

Les rentes constituées sur les propriétés foncières ne sont pas entrées jusqu'ici dans les déductions à faire par le fisc sur les produits bruts de ces immeubles. Seulement les propriétaires ont été autorisés à retenir sur le montant des créances, la contribution de la portion de revenu qu'elles leur enlevaient.

Les stipulations relatives à cette retenue ont été parfaitement libres entre les contractants, mais presque toujours le contrat a stipulé la condition contraire. Il en est résulté que le capitaliste a placé ses fonds à cinq pour cent.

Pourquoi ne serait-il pas cotisé comme le créancier de l'État, qui fait souvent des placements moins avantageux ?

On objectera ceci : en taxant la créance hypothécaire, on frapperait deux fois le produit du même capital, d'abord dans la plus value qu'il apporte aux revenus imposables de la terre, et ensuite dans la rente du prêteur.

Sans doute, mais on peut en dire autant de l'impôt des rentes sur l'État ; car les capitaux confiés au Gouvernement deviennent, entre ses mains, la source d'une foule d'autres revenus qui donnent lieu à des contributions de toute nature.

Les richesses s'engendrent les unes des autres, et ce n'est pas une raison pour que l'impôt s'attache uniquement à leur source primitive. Au contraire, l'impôt doit épargner la source des richesses pour n'en atteindre que les produits ; et s'ils se multiplient indéfiniment, de ce qu'il aura atteint les uns, il ne s'en suit pas qu'il doive épargner les autres.

En général, les valeurs productives le sont en raison directe de leur mobilisation. Les capitaux qui circulent produisent plus que la terre, et le crédit qui jouit de la vertu de l'ubiquité produit plus que les capitaux.

Il ne faut taxer ni la terre, ni les capitaux, ni le crédit, mais seulement leurs produits ; et ceux de ces trois élémens qui produiront le plus, et le plus diversement, donneront lieu à la plus grande somme et à la plus grande diversité d'impôts.

Ainsi, une terre achetée 100,000 fr. donne un revenu net de 2,700 fr. et un impôt de 300 fr. Mais si l'acquéreur emprunte 50,000 fr. pour défricher une partie de son sol et pour le planter de vignes, il peut, au bout de quelques années, avoir un revenu net de 4,000 fr. et payer une contribution totale de 550 fr. Dans ce cas, les 50,000 fr. empruntés donneront par an, au propriétaire, 1,300 fr.; à l'impôt, 250 fr.; au prêteur, 2,500 fr., c'est-à-dire 1,050 fr. de plus que les 100,000 fr. représentatifs de la valeur primitive de la terre.

L'impôt ne doit donc pas être déterminé d'après les valeurs productives, mais selon l'usage qu'on en fait; et les capitaux prêtés peuvent donner lieu à plus de taxes que les valeurs immobilières, parce qu'ils engendrent plus de produits.

Je viens de supposer l'augmentation du revenu par l'effet d'un emprunt, et j'ai pensé qu'il était convenable de cotiser à la fois la plus value de ce revenu et la rente du prêteur. Il est malheureusement un cas beaucoup plus fréquent : c'est celui où le cultivateur emprunte, non pour améliorer sa terre, mais pour en conserver la propriété.

Non-seulement on ne peut taxer alors aucune plus value, puisqu'il n'en existe pas, mais il me paraît juste de dégrever le propriétaire d'une somme égale à la cote de sa créance. Cette mesure exigée par les intérêts de l'agriculture comme par les lois de l'équité, tournera également à l'avantage du capitaliste; car le débiteur demeurera chargé de verser entre les mains du fisc l'impôt de la créance hypothécaire qu'il aura retenu sur le montant de sa dette, et il ne sera dégrevé lui-même d'une somme équivalente, qu'autant qu'il présentera la quittance de son créancier.

Dès que le revenu de la terre hypothéquée aura augmenté, sa cote devra s'accroître proportionnellement ; mais cette surtaxe ne sera exigible que lorsque la plus value aura été constatée, et par conséquent plusieurs années après l'époque de l'emprunt.

Autre objection. Les prêteurs sur hypothèques n'exigeront-ils pas de leurs débiteurs, en sus du montant de leurs créances, le paiement de la taxe dont elles seront frappées?

Il faudrait le craindre, si le grand-livre leur offrait des rentes sans impôt; mais les conditions des deux modes de placement étant identiques comme aujourd'hui, on n'aura pas plus de raison qu'aujourd'hui de préférer l'un à l'autre. A cet égard, les capitalistes seront d'autant moins en mesure de faire la loi aux propriétaires, que les comptoirs agricoles, dont on annonce la création, devenant partout les régulateurs de l'intérêt de l'emprunt, les prêteurs devront se conformer au cours établi par ces institutions de crédit, sous peine de ne pouvoir placer leur argent avec des garanties légales.

On a mis en doute la possibilité des comptoirs agricoles.

Je les crois possibles et nécessaires, non pas comme comptoirs d'escompte, ainsi qu'on les a nommés, mais comme caisses de prêts hypothécaires.

Avant la révolution de février, les cultivateurs ne trouvaient pas toujours à emprunter moyennant cinq pour cent d'intérêts. Des comptoirs agricoles n'obtiendraient donc pas de longtemps peut-être des actions qui ne rapporteraient que quatre et demi pour cent. Ils ne pourraient d'ailleurs fonder leur prospérité sur des opérations de banque, forcés qu'ils seraient d'accorder à leurs créanciers un délai d'au moins cinq ans, tandis que les banques ne négocient que des effets à quelques mois d'échéance.

Voici comment je conçois cette entreprise, une des plus importantes, on ne saurait trop le répéter, de celles qui réclament aujourd'hui la sollicitude de l'Assemblée Nationale et du Pouvoir Exécutif.

L'argent manque; mais rien n'empêcherait l'État, pour venir au secours de l'Agriculture, d'émettre des bons territoriaux dont la valeur serait garantie par des propriétés foncières.

Il n'y aurait point à craindre pour ce papier, auquel on donnerait cours forcé, la dépréciation où sont tombés les assignats, attendu que les domaines engagés ne demeureraient pas à la disposition de l'État, comme autrefois les biens nationaux, et que par conséquent on ne pourrait jamais les aliéner.

Ces billets seraient en outre meilleurs que ceux des

banques nationales, puisque les effets émis par les banques dépassent de beaucoup le montant de leur numéraire, et que ceux des caisses agricoles seraient le signe rigoureusement exact des valeurs immobilières qui leur serviraient de gages.

Toutefois la sphère d'action de ces comptoirs devra être prudemment limitée.

D'abord, pour laisser toute latitude à la spéculation privée, leurs prêts ne devront avoir lieu qu'autant que la préférence leur sera donnée par les propriétaires, ou dans le cas où ceux-ci ne trouveraient pas ailleurs d'argent à un taux légal.

Ensuite les bons territoriaux n'auront cours que dans le département et pour cinq ans et demi. Au bout de cinq ans, l'emprunteur aura désintéressé le comptoir, ou bien il sera exproprié dans un délai de six mois, sauf renouvellement du titre, s'il y a lieu.

Le porteur du billet, à son échéance, touchera une prime pour frais de déplacement ou d'envoi, et ce billet sera annulé de fait; il le serait d'ailleurs par la péremption, s'il n'était pas rapporté au comptoir en temps utile.

Par ce moyen, pas d'encombrement sur la place, point de papier qui n'ait toujours sa contre-valeur sous la main du comptoir, et qui puisse jamais être discrédité.

L'intérêt de ces bons qui serait de cinq pour cent, ne tarderait pas à rapporter cinquante millions par an au trésor, et leur émission aurait doublé dans dix ans les produits ruraux de la France.

On a souvent dit que l'impôt de la rente porterait atteinte au crédit. Voilà une grave considération. Examinons-la.

Qu'est-ce que le crédit? On le répète tous les jours: c'est la confiance qu'on inspire, c'est la réputation de solvabilité dont on jouit.

Or, l'État inspirera-t-il moins de confiance, sa solvabilité sera-t-elle moins notoire quand il prélèvera sur le montant des coupons de rente un impôt de trois, de quatre ou de cinq pour cent?

Sous le gouvernement déchu, il s'agissait d'une réforme analogue, et c'était surtout la partie la plus libérale de la Chambre législative qui la réclamait. Il était question de convertir le cinq en quatre et demi pour cent, c'est-à-dire de retenir, au profit de l'État, le dixième de la rente. La Chambre et le ministère ne voyaient plus aucun danger dans cette mesure dont l'exécution n'était plus subordonnée qu'à la question d'opportunité.

Comment donc aujourd'hui verrait-on la ruine du crédit dans une retenue, non pas de dix pour cent, mais proportionnelle et graduée selon les diverses classes de fortunes? L'impôt rendrait inutile la conversion du cinq pour cent, mais il ne compromettrait pas plus le crédit, ayant une portée beaucoup moins fiscale.

La conversion, il est vrai, laissait aux capitalistes l'alternative d'un remboursement intégral. La même

faculté devra leur être accordée ; mais évidemment ceux-là seuls pourront être tentés d'en profiter, qui auront à supporter la plus forte retenue, et c'est surtout à ce rachat que seraient affectés les intérêts des bons territoriaux.

Quant aux rentes hypothécaires, elles ne résultent pas d'un contrat synallagmatique entre les prêteurs et l'État, et par conséquent la loi peut équitablement les frapper d'un impôt, comme elle peut augmenter l'impôt de certains revenus fonciers, ou toute autre contribution.

Je demandais tout-à-l'heure une définition du crédit. De Lévis en a donné une qui me paraît justifier bien complètement l'impôt de la rente. Le crédit, selon lui, est la morale appliquée aux finances. Or est-il rien de plus injuste, et par conséquent de plus contraire à la morale et au crédit, que la différence établie par nos lois entre la condition du cultivateur et celle du rentier? Tandis que l'un se voit enlever chaque année par l'impôt une partie des produits récoltés à la sueur de son front, l'autre, dont toute la peine se borne à signer une quittance, ne paye à l'État que sa cote personnelle, et pas même sa cote personnelle, pas même un centime, alors qu'il aurait cinq cent mille livres de rentes, s'il lui plaît de voyager ou de louer à Paris un appartement de moins de cinquante écus !

Il en résulte que la propriété foncière ayant à supporter presque tout le poids des contributions directes, quoiqu'elle rapporte beaucoup moins que les capitaux, est écrasée d'hypothèques, et que le sol de la France se trouve grevé d'une dette moyenne qui le réduit aux deux tiers de sa valeur vénale.

Voilà une injustice funeste à la production, à la consommation, au commerce, et dont le crédit ressent inévitablement le contre-coup! Je sais qu'il peut avoir d'autres bases que les valeurs immobilières, et qu'un rocher aride peut acquérir, par le commerce, un crédit plus important que celui des contrées les plus fertiles; mais dans un pays où les produits ruraux représentent les deux tiers des valeurs totales, l'état de l'agriculture aura toujours l'influence la plus directe sur la fortune publique, et par conséquent sur le crédit public.

L'impôt de la rente relèvera le crédit en allégeant les charges de l'agriculture, et il viendra un aide à l'agriculture en l'exonérant chaque année d'un contingent de quarante ou quarante-cinq millions, montant des intérêts des rentes inscrites au grand-livre et des créances hypothécaires.

On a été chercher en Angleterre des arguments contre l'impôt sur les rentes. Que se passe-t-il donc de l'autre côté du détroit? L'income-tax, perçu depuis cinq ans, a-t-il été nuisible au crédit? Nullement. Les chambres, il est vrai, n'ont pas consenti à ce qu'il fût élevé de trois et demi à cinq pour cent; mais il faut considérer que cet impôt n'atteint que les classes riches, puisque les revenus au-dessous de cinq mille francs en sont exemptés, et que les propriétaires payent, en outre, une autre contribution, la taxe territoriale, qui n'atteint pas les pauvres. Il n'est donc pas surprenant que l'aristocratie et la riche bourgeoisie n'aient pas jugé à propos de s'imposer une plus lourde charge, l'État trouvant d'ailleurs dans les douanes et dans *l'excise*, des ressources plus considérables et fournies par l'ensemble de la population.

Autres sont les intérêts et les nécessités d'une démocratie républicaine, autres ceux d'un Gouvernement aristocratique ; et en vérité l'exemple du système financier de la Grande-Bretagne n'a rien qui puisse discréditer, à nos yeux, une innovation réclamée par les tendances et par les besoins de la société française.

Mais les capitaux fuiront pour échapper au fisc !— Oui, les capitaux fuiront, si l'ordre ne règne pas dans la République, si les droits acquis y sont méconnus, si les transactions n'y sont pas libres, si la confiance ne renaît point, et si la banqueroute est à craindre. Mais les capitaux ne fuiront pas le pays rentré dans les voies administratives où doit infailliblement le ramener son état de civilisation. Le capitaliste aimera mieux payer un peu plus d'impôts que d'exposer sa fortune aux risques d'un placement lointain, quand tous les peuples de l'Europe sont menacés d'une crise sociale plus terrible que celle de la France. Et si ceux de ses enfants qu'elle a enrichis étaient assez mal inspirés pour songer à sauver leur fortune aux dépens de sa prospérité, ce serait des spéculateurs étrangers qui viendraient mettre leurs capitaux au service de son courage et de son génie.

Soit au point de vue du droit, soit sous le rapport de l'intérêt public, je ne connais pas de motifs sérieux qui empêchent de comprendre les rentes dans les revenus imposables.

Voici donc comment je conçois le tarif de la contribution foncière et rentière.

CLASSES des revenus.	LIMITES DES revenus de chaque CLASSE.	PROPORTION de l'impôt.	IMPOT correspondant à la limite extrême de chaque classe.	REVENUS nets.
1re	50f et au-dessous.	0 p. 0/0	0 »	50 »
2me	51 à 100	1/2	0 50	99 50
3me	101 à 200	3/4	1 50	198 50
4me	201 à 300	1	3 »	297 50
5me	301 à 500	1 1/2	7 50	492 50
6me	501 à 750	2 1/2	18 75	731 25
7me	751 à 1000	3	30 »	970 »
8me	1001 à 1500	4	60 »	1440 »
9me	1501 à 2000	5	100 »	1900 »
10me	2001 à 2500	6	150 »	2350 »
11me	2501 à 3000	7	210 »	2790 »
12me	3001 à 6000	8	480 »	5520 »
13me	6001 à 10000	9	900 »	9100 »
14me	10001 à 15000	9 1/2	1425 »	13575 »
15me	15001 à 20000 et au-dessus.	10	2000 »	18000 »

Il va sans dire que pour passer d'une classe à une autre, la proportion de l'impôt ne devra augmenter que d'une fraction calculée de manière à ce qu'elle ne ramène point le revenu net au-dessous de celui de la classe précédente.

Ce tarif ne modifierait pas considérablement les cotes actuelles des dernières classes, à partir de la huitième; mais il ne concerne que le principal de la contribution, attendu que les centimes additionnels affectés à des dépenses locales ne me paraissent pas pouvoir être soumis à la loi de l'augmentation graduelle. Il serait absurde qu'une commune taxât un contribuable en raison des propriétés qu'il possèderait dans une autre. Et puis il n'en est pas des budgets communaux et départementaux comme du budget national; les premiers ne pourvoient guères qu'à des dépenses dont les citoyens pauvres profitent aussi bien que les riches, et souvent même plus spécialement, tandis qu'au contraire les riches sont plus directement intéressés à l'usage que fait l'État d'une grande partie de ses ressources; d'où il suit que si le Gouvernement doit cotiser les contribuables suivant des proportions plutôt morales qu'arithmétiques, les centimes communaux et départementaux n'en doivent pas moins être imposés, comme aujourd'hui, proportionnellement aux revenus des propriétés situées dans la circonscription territoriale de chaque budget.

Dans l'état actuel de la péréquation, véritable anarchie fiscale à laquelle le Gouvernement déchu songeait à mettre un terme, le rapport de l'impôt au revenu varie depuis la moitié jusqu'au trentième, et, comme je l'ai dit, les plus faibles cotes sont les plus surchargées. Le tarif proposé établit une différence inverse; mais un travail d'ensemble pourrait seul, par la comparaison des rôles de toutes les communes, déterminer les modifications des cotes, de telle sorte que le dégrèvement des unes fut compensé, dans les limites des besoins de l'État, par la réimposition des autres. Ce ne sont donc pas les proportions du tarif qu'il faut ici considérer, mais seulement le principe sur lequel il est basé. Toutefois, je crois que l'impôt direct peut demander jusqu'au dixième du revenu sans compromettre le crédit, et qu'il ne saurait exiger davantage sans porter atteinte au droit de propriété.

A ceux qui trouveront cette proportion exagérée, je répèterai que le gouvernement de Louis-Philippe se disposait à prélever, au profit du trésor, le dixième des rentes cinq pour cent, et que ce projet, non-seulement avait obtenu l'assentiment du pays, mais n'avait pas même empêché le cours de la rente de s'élever au chiffre énorme de 124 fr.

Cette proportion de dix pour cent est d'ailleurs dépassée fréquemment aujourd'hui dans les taxes des petites propriétés, et les riches auraient mauvaise grâce à protester contre une cotisation pour eux très-supportable, alors qu'elle frappe depuis si longtems un grand nombre de pauvres à qui elle est excessivement onéreuse.

La révolution sociale commencée en 89 s'achève en 1848. Quand le pauvre payait la dîme, le riche ne payait rien; désormais le pauvre paiera selon ses moyens, mais le riche seul paiera la dîme. Ce n'est point une expiation, ce n'est que l'application d'un principe juste et qui aurait toujours dû être observé.

Ce principe devrait également présider à la fixation des droits d'enregistrement, et la réforme de cet impôt entrait peut-être dans les projets du Gouvernement constitutionnel, car il avait demandé aux receveurs des actes civils des états de mutations présentant le nombre des meubles et immeubles transmis, divisés en six classes, suivant leur prix et le montant des droits perçus.

Il serait juste d'annuler ces droits pour les propriétés de moins de 500 fr. qui constitueraient tout l'avoir de l'acquéreur, du donataire ou de l'héritier, dût-on les réimposer sur la transmission des biens d'une plus grande valeur.

On supposera peut-être que, par suite de l'état de morcellement où se trouve la propriété, on ne pourrait dégrever la petite sans surtaxer la grande et sans priver le trésor de la partie la plus importante de ses ressources. C'est une objection qu'on peut aussi présenter contre le principe de la graduation de l'impôt direct. Mais j'ai lieu de croire qu'elle n'est pas fondée, si j'en juge par un des arrondissemens où les cotes se sont le plus multipliées. Il ressort en effet des tableaux de mutations relatifs à l'arrondissement de Libourne, que dans la somme des droits perçus, le contingent des valeurs au-dessous de 500 fr. n'entre que pour moins d'un dix-septième, et encore faut-il en défalquer les nombreuses taxes des propriétaires aisés qui ne jouiraient pas du bénéfice de la remise.

Cette comparaison, faite sur une plus grande échelle, démontrerait, si je ne m'abuse, la possibilité d'alléger les faibles cotes sans trop charger les autres.

Le droit d'enregistrement des ventes d'immeubles, fixé à raison de six pour cent, y compris le décime de guerre, pourrait être élevé jusqu'au maximum de dix pour cent, ainsi que les droits de succession en ligne collatérale et entre personnes non parentes, lesquels sont aujourd'hui de neuf pour cent.

On a proposé de porter, dans ces deux derniers cas, la proportion à quinze pour cent, quelle que fût la valeur des biens transmis. Il me semble que les droits à percevoir devraient toujours être déterminés d'après cette valeur, et jamais d'après la nature de la transmission.

Je pense, en outre, que les droits de mutation ne devraient jamais dépasser le maximum de l'impôt du revenu. Frapper les legs et les successions, à quelque degré de parenté qu'elles aient lieu, de taxes plus fortes que celles dont est passible la possession elle-même, n'est-ce pas méconnaître le droit de propriété qui implique la libre disposition des biens? Cette liberté se trouve trop restreinte, quand elle ne peut s'exercer sans placer la propriété dans des conditions si exceptionnelles. Il me paraîtrait donc naturel de ramener les droits d'enregistrement au chiffre de la contribution directe.

En résumé, d'après les propositions qui précèdent, la contribution personnelle, de fixe qu'elle est aujourd'hui, deviendrait proportionnelle et graduelle, conformément au tarif de la contribution des portes et fenêtres établi par la loi du 21 avril 1842.

Il en serait de même de l'impôt mobilier devenu impôt somptuaire et destiné, dans les villes, à remplacer une partie des droits d'octroi.

L'impôt foncier, de proportionnel, deviendrait proportionnel et graduel, et se confondrait, dans un seul et même tarif, avec l'impôt des rentes comprises dans la somme des revenus imposables de chaque contribuable.

L'enregistrement conserverait ses droits fixes actuels; ses droits proportionnels seraient la reproduction exacte des impôts directs.

Quant aux patentes, le tarif des professions devrait être modifié en faveur des dernières classes qui ont été surtaxées par la loi du 25 avril 1844.

Si le tribut des riches augmente par l'effet de la loi

de graduation à laquelle il faudra, je crois, s'arrêter, ils gagneront d'un autre côté, comme tout le monde, à l'abolition partielle des octrois et à la gratuité de l'enseignement qui sera probablement votée par les Représentants de la Nation.

Si le luxe devait diminuer, ou du moins demander ses ornements les plus précieux aux beaux-arts plutôt qu'à l'industrie, ce résultat me paraîtrait heureux, car il aurait pour conséquence de rendre à l'agriculture les bras qui lui manquent, de débarrasser les populations urbaines des excédans que leur envoient les campagnes au grand détriment des ouvriers, de favoriser enfin l'essor du génie national.

Mais ce qui doit surtout faire prévaloir dans le système financier de la France la progression facultative de l'impôt, c'est que cette loi est rationnelle, juste et de tout point conforme au sentiment public comme aux principes de toutes les morales et de toutes les religions. Que disent, en effet, non-seulement la religion chrétienne, mais toutes celles qui ont concouru avec elle à former la conscience du genre humain? Elles disent aux pauvres, donnez ce que vous pouvez; aux riches, donnez beaucoup. L'État doit tenir le même langage. Il ne doit pas dire aux riches donnez ce que vous pouvez, parce qu'en les réduisant au nécessaire il les priverait de ces jouissances que Dieu leur permet et qui sont autant de mobiles de l'activité sociale; mais donnez beaucoup à cette société sans laquelle vous ne jouiriez d'aucun de vos biens; donnez beaucoup aux travailleurs qui tissent dans des ateliers malsains les étoffes de vos vêtements; qui récoltent, sous le poids du jour, le vin et le froment de vos tables; qui vont, au péril de leur vie, arracher votre or et vos parures aux entrailles de la terre et aux abîmes de l'Océan; donnez beaucoup à vos frères dont toutes vos richesses ne pourraient payer les souffrances et les sueurs; car vous aimeriez mieux perdre toute cette luxueuse abondance que de vous condamner aux travaux manuels qui vous en fournissent les éléments.

FIN.

www.ingramcontent.com/pod-product-compliance
Ingram Content Group UK Ltd.
Pitfield, Milton Keynes, MK11 3LW, UK
UKHW021041220726
13924UKWH00001B/466